Nuevo Lapidario

ALBERTO DÍAZ-VILLASEÑOR

A Belén, Patricia María y Alberto,
los mejores versos del libro de mi vida.

CONTENIDO

Se llamó **lapidario** a un tratado médico y mágico
acerca de las propiedades de las piedras
en relación con la Astronomía.

Fue mandado escribir por el rey castellano
Alfonso X El Sabio y redactado hacia 1250.

*****

Las circunstancias cambian la vida
(Jaime Balmes)

ALBERTO DÍAZ-VILLASEÑOR

<u>**Piedra:**</u> *materia mineral que constituye las rocas. porción de esta materia desprendida naturalmente o extraída artificialmente de una roca.*

No podrá decirse
en ningún momento
que viajé sin rumbo.

No podrá afirmarse,
mantenerse nunca,
que busqué otro hueco.

Como hace la esfera,
giro, caigo, ruedo
buscando la vuelta.

Me entrego al pasado,
remuevo el recuerdo,
me fundo en mi origen.

<u>Piedra berroqueña:</u> *granito.*

Como las fibras del miedo,
el color de los ojos o
el cruel sabor a sangre,
la dureza de las rocas
se desgasta con el tiempo.

Sangre, miedo y ojos
reconstruirán otros llantos
y las piedras todo un mundo.
Mas será un falso espejismo:
la traición vendrá del fondo,
de la inocencia del agua,
de su caricia redonda,
de su voz fría y azul
como una falsa mirada.

<u>Piedra pómez:</u> *roca de origen volcánico, porosa y frágil, de color grisáceo y textura fibrosa; se usa para pulir.*

Del fuego puede esperarse
el principio de un abismo,
el final de un viento suave.

Y un tiempo de margaritas
sobre un horizonte negro
de juventud asediada.

Del dolor y sus caminos
pueden las brasas gritarnos
su antiguo canto encendido.

Pero está el último engaño,
la última carta del mazo,
la caricia gris de un pálpito.

Piedra preciosa: *la fina, dura y rara,*
generalmente transparente y translúcida, que,
tallada, se usa como adorno.

Buscaron en los arroyos
y en los abismos perdidos
la vanidad de su esfuerzo.

La tierra les reflejaba
su vida en espejos curvos
como cuchillos abiertos.

Se cegaron con el polvo
y el brillo de los incendios.
Regresaron aún más muertos.

Veta: *faja o lista de una materia que por su calidad o color se distingue de la masa en que se halla interpuesta.*

Hay tesoros debajo del desierto
vívido de arenas desgranado,
hay cosas de fulgor insospechado
que aún respiran su morir despierto.

Su raro brillo queda al descubierto
si, concupiscente, es desnudado
-al aire acre, vacío, consagrado-
por manos rotas en impulso experto.

Duerme el tesoro su sueño olvidado
como oxidado noray sobre el puerto
moteado de alacranes y ajustado

al lejano precio febril y cierto
que la veta no sabe valorado
y la codicia ha pulido y recubierto.

<u>Granito</u>: *roca compacta y dura, compuesta de feldespato, cuarzo y mica. Lo hay de varios colores, según el tinte y la proporción de sus componentes. Se emplea como piedra de cantería.*

El bosque levanta
sus viejos árboles de roca negra
como soldados en perfecto camuflaje.
Algún lago, acaso nieve olvidada,
sangra su blancura transparente
tras la batalla.

Un magma de agua
ha abierto tajos de gargantas mudas
en la piel de saurio de la tierra
que muestra sus húmedas entrañas de
granito
como un viejo fósil.

No hay esperanza.

<u>Canto rodado:</u> *piedra alisada y redondeada a
fuerza de rodar impulsada por las aguas.*

¿Cuándo empieza la eterna rodadura?
La libertad no nos sirve de nada
por sí misma, subyacente, aislada,
ebria de golpes, carne de rotura.

¿Dónde queda la carne desgastada
de la piedra en su andadura
acólita de vientos y fracturas,
vestida de piel erosionada?

Rodar es contemplarse destrozada,
sí, pero desatada de ataduras
expuesta a una libertad deliberada

inútil, dolorida, rota, oscura,
del mal exploradora, aventurada.
Piedra feliz perdida en su aventura.

<u>Piedra viva</u>: *la que está adherida naturalmente al terreno.*

Menos quiero, sierra, tu pasado
de soledades quieto, tú ensimismada
en sendas de piel enveredada
con silencios y un eco rebotado,

que las voces que ahora en tu collado
junto al fuego crepitan alborada
gritando fuerte una exigencia en cada
hora, en cada minuto desandado.

La voz de un grito antiguo que restalla
en la alta transparencia negra y fría
que el aire de la noche besa y calla.

El pálpito del pueblo, sierra mía,
como un látigo ebrio de batalla
forjando el sol de su triunfo un día.

<u>Piedra de toque:</u> *la que se usa para probar
los metales preciosos.*

Hay extraños veredictos
impuestos por los testigos.

La nobleza más antigua
es probada en los mercados.

Todo el valor de los héroes
se esfuma tras la derrota.

La razón de lo evidente
no aguanta una carcajada.

Más zafio es aún que un beso
mida la verdad del sexo.

<u>Piedra filosofal</u>: *materia con la que los
alquimistas pretendían hacer oro artificialmente.*

Amor, piedra,
amor.

Robado impulso al sueño
que es la vida,
búsqueda del tiempo latiendo
en cada mano,
oculto pecado envuelto en el deseo
y el engaño.

Amor, piedra.
Amor que trastocas lo que
tocas:
vida en muerte, muerte en vida
y un espacio
leve e infinito, y moribundo
sin embargo.

Amor, piedra,
amor.

Amor de adormidera, feliz
y humo.

NUEVO LAPIDARIO

Humareda de sueños que
todo lo retoca:
la fe de la ceguera, la hoguera
de la desesperanza,
la pasión de la quieta marea
de la venganza.

Amor, que todo lo revuelves,
que lo mezclas todo
y que todo te es devuelto
hermoso, duro, frágil y
perverso.

Amor,
piedra de mudanza.

<u>Piedra caballera</u>: *nombre que reciben ciertos bloques de roca, generalmente de granito, que a causa de la erosión se hallan en posición inestable. Cálculo. Granito grueso.*

Piedras grises.
Graníticas conciencias
que la Historia defraudó.
Piedras huecas,
blandas,
blancas.

Sólo suelo
de unos pies, de otros pies.
Suelo de uno y mil pies
pasando.
Piedras porosas,
verdes,
soportando el aire encima,
mil pies pisando.
Piedras solas y de nadie.

Piedras falsas,
maquilladas
a golpe de tiempo.
Sin lugar.

<u>Piedra de cantería:</u> *piedra labrada para la construcción.*

Porque el adorno es la sombra del
mundo que nos cubre por fuera
y un rumor de viento helado nos
labra cuando llega la muerte.

Porque hay cinceles que arañan con
cadencias de perversas caricias
y el resultado es el sol que nos bruñe
y esmalta lo que antes fue sueño.

Así nos amamantan y alimentan
las empolvadas manos de los hombres;
de ese modo el ornato de dura alma de
piedra es seda y cera y brillo imposible.

Recuerdo las mañanas de bruma y
de voz resquebrajada
cuando nada se espera a no ser otro
golpe que esconda nuestro propio grito.

Después de aquello, después de todo, qué
mejor que mostrarse al desnudo y al
viento,

entregarse al desgaste secular de los dedos
y
al paseo de viscosas miradas.

Qué se hizo del polvo que nos bebe y
escupe
y que esparce racimos de hiriente arenisca.
Qué se hizo, o se hace, del poder de
las aguas, de su lengua inconstante y
amarga.

Por qué el adorno es sombra y asombro y
un
olvido perenne de lo que un día fue veta
y el cincel ya no es caricia sino espanto
que abraza como un látigo de hierro.

Dejemos la piedra morir en su túmulo
y que el tiempo conceda la última plegaria.

<u>Piedra angular</u>: *la que forma la esquina de un edificio. Figuradamente, base o fundamento principal de una cosa.*

Puede que el camino, un día, sea
arroyo y sangre,
doblez de aristas y glóbulos que tus pasos
vigilen.
La ciudad tiene esquinas que observan
si respiras o si duermes
y espera que tropieces, como quien
aguarda
embozado a su enemigo.
No habrá entonces retorno, ni imposible
descanso al borde de la senda.
Serás otro fantasma del paisaje
sosteniendo un deseo,
un recuerdo de parcos y rotos adoquines
vagando sin cimientos.
Rostros como máscaras asomarán su risa
y no encontrarás quien mida el peso
de tu sombra.

<u>Mineral</u>: *nombre genérico de todos los cuerpos inorgánicos que se hallan en la corteza terrestre o en su interior. De ellos se extraen muchas de las materias primas necesarias a la industria y la construcción.*

Y seré mineral, cristal y polígono
vestido de tierra y sudario.

Y moriré como todos,
muerto de miedo y al miedo abandonado.

Cuando llegue la hora sacadme
al viento,
abrid las ventanas, las puertas
de mi casa.
Abridme los ojos si ya los he cerrado
por la fiebre o el coma,
abrídmelos y dejad que mire afuera,
al último rumor de los árboles,
al frío de la nieve y de mis manos,
al azul del cielo que me aguarda.
Derribad la pared o la reja, sacadme
al jardín o a la calle.

Porque si he de morir como todos,

muerto de miedo y de sueño
eterno
no quiero barreras ni párpados
frente al aire o la lluvia.

No quiero entierros ni duelos
al sol,
mis células han de ser
polvo que atosigue
la tierra
como un viejo veneno en catálisis y abono.
Mis arterias y huesos serán mineral nuevo
y luego rocas,
piedra de otras casas, orgánica ciudad
de nueva planta.

Pero sacadme, sacadme, oh sí, sacadme
afuera.
Arrojadme a la vista de tormentas y
acacias
sin prescripción facultativa.
Quitadme agujas y sondas transparentes,
quiero escapar sin ataduras.

Porque al morir quiero hacerlo como
nadie,
desnudo bajo un árbol mirando de cara
a las nubes,

vestido con nuevas vestiduras
de mineral y de sueños.

<u>Alumbre</u>: *sulfato que se emplea para aclarar las aguas turbias.*

A pesar de lo que digan los días
y su vida cotidiana,
a pesar de sus mensajes de rutina y
de práctico olvido
no hay brisa, no existe, que avente
la angustia,
la soterrada incertidumbre
de una muerte disfrazada.

No hay en el matraz frágil del deseo
más alivio para el miedo
que la certeza imponente
de una esperanza,
de un amor irreverente
por la vida.

<u>Mineralogía</u>: *ciencia que estudia los minerales.*
Se ocupa principalmente de su estructura, color,
transparencia, brillo, cristalización, dureza,
composición química, etc. Los minerales pueden
clasificarse por su composición química o siguiendo
un criterio genérico.

Como un ensueño
de cisnes entre brumas
los colores de la vida
se van difuminando.

Los relojes de la tarde,
guardianes de la prisa,
engarzan en las nubes
las luces del espanto.

Cuando el cielo vuelve al río
vistiéndose de relámpagos
duerme en las almas dolidas
la imagen del sobresalto.

<u>Minería</u>: *parte de la actividad económica industrial que se ocupa de la extracción de las riquezas del subsuelo.*

Del vacío.

De donde surgen las palabras
no dichas.
De donde brotan las caricias
imperfectas.

Del vacío.

Allí adonde va nuestro contacto.
Adonde tu forma en mis ojos marcha.
Adonde tu imposible entrega regresa.
Al origen de tu primigenia voluntad.

Allí de donde nunca saliste.
Allí vuelves.

Al vacío.

<u>Señalar con piedra negra:</u> *lamentar y llorar*
el día aciago y desdichado.

He sentido el contacto del fuego.
He sentido el desgarro increíble
de las hojas al dejar las ramas.
He vagado las sombras sin prisa.
Mi voz ha llamado mil veces
y mil veces respondió la nada.

<u>Piedra divina</u>: *mezcla de alumbre, vitriolo azul, nitro y alcanfor que se usa como colirio.*

Era un lugar
donde entornar los ojos
y emborracharse de luces,
de cosas.
Donde amarlo todo.

No llamé con insistencia
ni deletreé mi nombre.
No fue preciso
esconder los deseos a las miradas
ni enlazar dos veces unos ojos,
unos labios.

Pero no pude
adivinar el ciclo de la hierba
ni ver la angustia solapada,
ni jugar con la tristeza
ni respirar el frío en los paseos
ni transfundirme los glóbulos del viento,
del tiempo.

Pude amar allí toda una tarde
o todo un destino,

pero no un segundo,
ni un origen,
un comienzo.

<u>Piedra oscilante:</u> *la de gran tamaño y forma comúnmente redondeada que con facilidad se mueve, por estar en equilibrio sobre otra.*

Como el ozono a las tardes de verano
o la brisa a la piel quemada,
como el agua a la frente
o el remedio a la fiebre,
como las lágrimas al recuerdo.
Como la luz al túnel
llegaste.

En las horas de la rabia
(las viejas horas),
en la distancia elegida
(faro en la distancia).
En peligroso equilibrio
(punto de equilibrio),
te quedaste.

<u>Pau256í de piedra</u>: *ave de América tropical; gallinácea de cuerpo robusto, cola larga, cresta de plumas eréctiles, de color negro lustroso, con abdomen blanco y cara amarilla. Comestible.*

Quizás el tiempo se apiade de mi nombre
y un día nuestros cabellos de visión y espera
se revuelvan juntos y sus cumbres.
Quizás nuestra hambre de piel
se sacie y se vacíe por completo.
Terrible forma de un amor inútil.

<u>Piedra de rayo</u>: *hacha de piedra pulimentada,*
que cree el vulgo proceder de la caída de un rayo.

Desgrano el polvo que el viento trae.
Desrosario el sosiego que produce.

Cuento y descuento cada nota de estas motas
de música inesperada.

Y la quietud del sonido
-de esta caricia polvorienta y ocre-,
el balanceo de la hojarasca
fina de septiembre
me renacen y resuelven a otros días.

Aroma fresco y educado
como un bello rostro ante mi vientre,
fulgor eléctrico
de ansiadas tormentas.

Qué horror del desgarro
entre urbanitas bambalinas.

Y, sin embargo, la quietud.
La quietud magnífica del viento

paseando la tierra,
despojándola de lentejuelas.

Frescura y finas hojas
de gris septiembre.

<u>Piedra infernal</u>: *nitrato de plata empleado en cirugía para destruir y quemar carnosidades.*

Otra vez el mes de octubre
cuando se apagan los sueños,
funden los colores
y algo en mis ojos
escribe tu nombre.

Las tardes se acercan
como el manto de la prisa
y alguien en la calle
mirando a mis ojos
escribe tu nombre.

Una mujer borda
breve, en su pañuelo
lágrimas de angustia
y está en su mirada
escrito tu nombre.

No sé qué es más fuerte
ni sé qué es más largo,
si el recuerdo de tus ojos
si el recuerdo de tu nombre
si el comienzo de este octubre
si el comienzo de este llanto.

Piedra de la luna o de las Amazonas:
labradorita; feldespato gris, traslúcido e iridiscente.

Para ti
la fruta fresca y dulce del verano
en esta geografía.

Para ti
la corona de pámpanos alegres
sobre tu noble inteligencia.

Para ti
la risa brava y confiada de los héroes
como una cascada de delicias
sobre tu cuerpo.

Para ti
la venda inerte e inservible al fin
de la diosa caprichosa y ciega
que sobre ti pose sus ojos increíbles.

Para ti
el cuidado infinito de las hadas
cuyo amparo sabrás dirigir con mano firme.

Para ti
mis mejores augurios, el espacio
donde siempre hallarás lecho esponjoso
y mágica hermandad y entraña cómplice.

Para mí
me reservo lo más grande:
la egoísta ensoñación de tu presencia.
El deseo consolador
de tu recuerdo.

<u>Piedra ciega</u>: *la piedra preciosa que no tiene transparencia.*

Se apagó mi sed aquella tarde,
los vasos vacíos
en el parque.

Se cegó tu luz aquella tarde,
la luna nueva
en el parque.

Cesaron los latidos esa tarde.
Maldita muerte.
En el parque.

Piedra bornera: *piedra negra de la que en algunas partes se hacen muelas de molino.*

Nunca vi tu rostro
mudo o melancólico,
ni tan siquiera sé
si ausente.
Seguro careces
de estos tres enigmas.

Tu debilidad fue espejismo,
y tu fuerza
se yergue
infinita y desconsoladora.
Pero a quienquiera diese
a contemplar
hoy como yo
contemplo
tu retrato
discutiría la fortaleza amable
que yo sé
en tus ojos increíbles.

No obstante, ignoro
qué amo más
ahora:

tu mirada inquieta, el desasosiego de tus
gestos,
el placer irresoluto de tu risa,
o será, sencillamente,
el trigal a media tarde rojizo
que me gusta acariciar y revolver
gozándose en él el tacto de mis dedos,
como la mejor corona
sobre el mejor amor.

Ahora.
Cuando me disgrego
observando tu cabello.

Piedra de la ijada: *nombre que los
conquistadores españoles dieron al jade.*

Las cosas importantes
tienen
una inútil trascendencia.
El final siempre es el mismo:
un reflejo apenas,
un resumen,
un sueño apresurado.

La inane sensación
de un picor
emergente.

<u>Piedra jabaluna:</u> *piedra caliza de color oscuro,
como el jabalí, cuando está mojada.*

No hay mayor angustia
que la de los pronombres
repetidos
como un eco inútil
dispersado
por el viento.

Nosotros, tú, vosotros
pierden su balsámico sentido.

Yo, es una gota evaporada
en estos casos.

<u>Piedra falsa:</u> *la natural o artificial que imita las preciosas.*

La vaga mirada
de los cobardes
se cierne
como una espada roma
o (en definitiva)
como una flor
mustia entre los dedos
sobre un espejo
hecho añicos.

La mirada así mil veces repetida
hiere mil veces la mañana.

<u>Piedra de Huixtla</u>: *la piedra de Huixtla*
(Chiapas, Méjico) tiene una altura de 120 metros
y un diámetro de 600 metros aproximadamente,
es la segunda roca más grande del mundo.

De vez en cuando
el sueño,
insoportable,
funde tus párpados
y retiene las últimas imágenes
de la noche.

Temo de vez en cuando
a la luz del sol
que abruma las plazas
y rectilínea las calles.

Me funde su brillo
y recompone
a miles de kilómetros,
en el transiberiano
o en Nueva York,
o en Panamá recordando
a Blaise Cendrars,
o en el viejo y profundo Sur,
o en los muelles portuarios de los Estados

Unidos,
o en los ríos caudalosos y hondos de
cualquiera
de las dos Américas.
Nado en las aguas nítidas, tranquilas y
revueltas
de los versos de Walt Whitman
tal como en la tormentosa sustancia
irrepetible
de un hombre.
Sin más compañía que Dvorak
y Eugene Smith.

Encontraré por todo el mundo,
en todas partes,
violentos murciélagos
que al atardecer
jueguen y tropiecen con el sedal de mi caña,
como otras veces antes, en el crepúsculo.

Los hallaré por todo el mundo.
Por todas partes.
En las noches de luna colosal en Siguiri
o colgados de las ramas diplomáticas
en los árboles
de la embajada de Canadá en Bamako,
como me dijo una vez entrecortadamente
mi amigo Marcel.

Y en las pedregosas y bellísimas tardes
de In-Sallah,
según Thierry,
el aventurero que murió un anochecer
destilando el trabajo que le gustaba.

Y entre el verde brillante
de las forestas de la Baja Normandía,
como soñaba Jules-Amédée
desde su tumba pobre
y abandonada a los pies del castillo
de Saint-Sauveur-le-Vicomte.

Mientras un hilo
brutal
que te cose los ojos
te sume
y te clava
en las últimas imágenes
de tu incierto cerebro.

<u>Piedra del Agua:</u> *paraje agreste de la localidad de Tanti, valle de Punilla, en plenas sierras cordobesas de Argentina.*

Hay agua esta vida
entre las líneas
curvas
del maltrecho pensamiento
desabastecido de oxígeno,
apnea de amor,
de niebla
resquebrajada.

Esta tarde hay agua
entre la vida
enjaulada
de la zafia espera
insaciable
por el estruendo estridente,
por el tímpano
perforado.

<u>Piedra de llanto</u>: *"por la piedra clamará el muro" (Profetas, Libro de Habacuc 2,11).*

Viví unos instantes
en el blanco anónimo de la arruga
sin encontrar palabras
ni llanto suficiente,
sin hallar el disparo
(pistoletazo ruin)
ni punto de partida
a la recreación de imágenes
perfectamente diseñadas
que hace tiempo intuyo
(inmío)
como parte sustantiva
de mi esencia.

Nada nuevo bajo el sol,
quod erat demonstrandum.

<u>Música en la piedra:</u> *la elaborada*
tradicionalmente por los pueblos sudamericanos
Yámana, Kawashqar, Mapuche y Aymara.

Escuché la canción aquella
que me gusta
y a ti -creo-.

Las cuartillas de papel inerte
repartidas
como naipes
por la mesa.
Las noticias sucediéndose
en colores,
obedientes a mis gestos;
me serví como suelo
un cointreau
en esa hora.

Desnudo en el sillón
y tu carta entre mis dedos.

<u>Piedra de la noche:</u> *aquella de aspecto metálico
satinado similar al ónix.*

Entregado a la noche,
el frío primerizo de este octubre
espasmódico de heladas hebras
me aguijonea a las ganas de tu cuerpo.

Obstruidos los sentidos por la hora
a esta hora repetida en cada día,
hibernados, el sueño y su anestesia
me calman el fetiche de tu cuerpo.

Cuánto anuncio visceral en los relámpagos
y la tarde aquella y la brasa de tu boca
quemando quemaduras. Y las notas
que sonaron el preludio de tu cuerpo.

Qué extraño el transcurso de tus ojos
y el atávico intercambio de silencios
destruido, recreado, obligado,
quebrado por las voces de tu cuerpo.

Adiós te digo en esta tinta
aquejado del mal de nuestros días,
corazones reflejo -de espuma quebradizos-

desbordado por el vuelo,
ante mis besos, de tu cuerpo.

<u>Piedra de tristeza:</u> *"si hay una piedra de tristeza, yo estoy sentado allí" (Valentine Penrose, escritora surrealista).*

El dolor etiquetado.
Los versos complacidos.
El papel vacío.
Quo usque tandem...?

Me ha ahogado el llanto
que no has visto
(por amor o tristeza).
El transcurso de tus ojos.
Quo usque tandem...?

Y esta noche
las luces como siempre,
las nubes que amo tanto,
Cavafis en mi pecho
y los dos de la mano
paseando en cada verso.

<u>Cristal</u>: *del griego "crystallos", nombre dado a una*
variedad del cuarzo hoy conocido como cristal de
roca.

Y en la noche
(que lejos suena)
el libro junto al vaso.

Esta brisa no trae risas
como antaño.
Son claveles
sobre el mantel blanco,
libros cerrados y
en el parque, pasos.

Bebo
lo que debo,
es decir
vasos, claveles, libros:
lo que bebo.

Leo
lo que debo,
es decir,
libros, claveles, vasos:
lo que bebo.
Y ahora, os dejo.

<u>Piedras elementales:</u> *en magia y esoterismo, cada una de las cuales sobre las que se asienta un ser elemental. Ópalo, topacio y amatista para las ondinas; ónix y jaspe para los gnomos; rubí y ámbar dorada para las salamandras; diamante y aguamarina para los silfos.*

Esta noche me entretengo
con mis sentidos dormidos
y un juguete de misterio.

<u>Imán:</u> *mineral de hierro de color negruzco, opaco,*
casi tan duro como el vidrio, cinco veces más
pesado que el agua, y que tiene la propiedad de
atraer el hierro, el acero y en grado menor algunos
otros cuerpos.

Palabras y fuego
lento
se adivinan airados
de luz
tras los peciolos.

Grabados en el plasma,
imborrables.

Algunas hojas,
palabras arañadas de luz
sobre el agua,
fluctúan en su brillo.
El caballero medieval
hierro oxidado
sueña
que la alquimia donde precipitan
es su cerebro.

Y grita.

<u>Arena de ampolleta</u>: *la muy fina que se
emplea para relojes de arena.*

Palpó la piel
húmeda
de placer
y las hojas golpeadas
por el tiempo.

Aprendió de la vida
sus relojes implacables
y se dio la vida
a sorbos blancos
en soles amarillos y azules.

La música de las lágrimas
repicó
como pasos insomnes
que no quieren detenerse.

Solo y mismo
en la ciudad fría y de siempre.
Tropezado en el umbral
del torpe y obligado recuerdo.

<u>Arena</u>: *sitio o lugar del combate o la lucha.*

La habitación
qué sola.
El aire,
enmohecido y estancado.

Los susurros y gemidos
qué lejanos.

El amor
esparcido entre los objetos.

Mina: *criadero de minerales de útil explotación.*

De monte a monte
un grito,
un llanto
en el horizonte.

Dentro del pozo
un grito,
un hombre
de mineral, roto.

De peña en peña
un grito,
un ¡ay!
y lágrimas negras.

En la galería
un grito,
y un golpe.
Tierra estremecida.

<u>Cemento:</u> *Mezcla formada de arcilla y materiales calcáreos, sometida a cocción y muy finamente molida, que mezclada a su vez con agua se solidifica y endurece.*

Hay edificios de paja
que saben más de la tierra
que imponentes rascacielos
de ciudades inasibles.
Entre sus torres gemelas
las tarántulas pululan
y es la garrapata dueña
de la brizna y el salvado.
Bajo el sol del mediodía
estos nuevos edificios
sin aire acondicionado
reclaman el paso del tiempo
y su efímera belleza
es el abonado campo
para el próximo verano.

<u>Adobe</u>: *Masa de barro mezclado a veces con paja, moldeada en forma de ladrillo y secada al aire, que se emplea en la construcción de las paredes y muros de las viviendas en las antiguas ciudades.*

El profeta mira a las palomas
y el cartero le invita
a otra copa.
El profeta todas las mañanas
abrazaba el árbol
que ya no está.
"Lo talaron —dice- un día".
El profeta abraza los árboles,
a todos,
cada mañana,
no sea que los corten
sin recibir el último cariño
cálido
del hombre.

El cartero le paga otro coñac
y el profeta le cuenta su proyecto:
"Estoy construyendo una ciudad".
Y el cartero, claro, le cree.
"Aquí estoy, miro a las palomas,

a todas las conozco, y las muy putas
se escapan,
no sé por qué".
Como cada día
el profeta bebe y sueña
y el cartero escucha, y paga.

<u>Clave</u>: *pieza con que se cierra el arco o bóveda.*

No era preciso otro instante
ni otro intento
detenido.

Más bien era el tiempo ya
del reposo
y la certeza.

Mas el rostro de la tarde
guarda heridas
de retorno,

su criterio es que la edad
dicte, infame,
un veredicto,

y la pena es inflexible:
escribir
otro poema.

NUEVO LAPIDARIO

ESTE LIBRO TERMINÓ DE EDITARSE EL 30 DE SEPTIEMBRE DE 2018 EN PEÑARROYA-PUEBLONUEVO (CÓRDOBA, ESPAÑA). EN FECHA TAN PROPICIA SE CONMEMORAN LAS SIGUIENTES EFEMÉRIDES:

SE IMPRIME EN ALEMANIA LA PRIMERA BIBLIA DE GUTENBERG (1452)

SE ESTRENA EN VIENA LA ÚLTIMA ÓPERA DE MOZART "LA FLAUTA MÁGICA" (1791)

COMIENZA A EMITIRSE EN EE.UU. LA SERIE DE DIBUJOS ANIMADOS "LOS PICAPIEDRA" (1960)

NACE EL POETA Y MÍSTICO PERSA JALAL AL-DIN MUHAMMAD RUMÍ (1207)

NACE EL INDIO NABORÍ, POETA CUBANO (1922)

NACE EL ESCRITOR NORTEAMERICANO TRUMAN CAPOTE (1924)

DÍA INTERNACIONAL DE LA TRADUCCIÓN

EL AUTOR

Alberto Díaz-Villaseñor (1959) es licenciado en Filología Románica. En 2003 recibió el título de Caballero de la Orden de las Palmas Académicas de la república Francesa, y en 2012 el de Académico correspondiente de la Real Academia de Ciencias, Bellas Letras y Nobles Artes de Córdoba.

Es autor de las obras siguientes:

Poesía: **"Illo tempore"** (Chomún, Málaga), **"Nuevo lapidario"** (Andrómina, col. David Leví), **"Apuntes de Lutecia"** (Amazon, col. Villonia), **"Intereses compuestos"** (Amazon, col. Villonia), y **"Pavana para mi hermana difunta"** (Amazon, col. Villonia). Además, ha participado e antologías y monográficos.

Novela: **"El secreto de los gabachos"** (Almuzara), traducida al francés como **"Le secret des grognards"**, y **"La piel azul"** (CreateSpace, col. Villonia).

Relatos: **"68 perlas envueltas para regalo"** (CreateSpace, col. Villonia), colección de relatos negro-criminales en co-autoría con Heliodoro Díaz-Villaseñor; **"Soliloqios"** (Amazon, col. Villonia); y **"Don Quijote en el Valle del Guadiato"** (CreateSpace).

Ensayo: **"Diccionario del habla cordobesa"** (Almuzara).

www.ingramcontent.com/pod-product-compliance
Lightning Source LLC
Chambersburg PA
CBHW031329250726
48656CB00005B/2038